空を泳ぐ

本庄英雄 詩集

空を泳ぐ

目次

I　夜空

II　故郷

Ⅲ　回帰

夜空

I

農婦の謎

学舎の回廊に
飾られていた
絵画の疑問符

大鎌に刈りとられた麦穂の
残りを拾い集め
命をつなぐ習わし

旧約聖書の『レビ記』に定められた

立法だと
長い時を経て知る

パリからの疎開先
戦火を逃れ
バルビゾン村で描かれた
静かな絵の中の
過酷な世界

祈りの手を大地に
時間の割れめから
三人の農婦は
飢餓を払いのけている

一粒の麦の穂
丸めかがめて胚芽のような
生きるかたち

一九世紀
セーヌ川の川面《かわも》を照らす
駅舎だったオルセー美術館
ミレーの「落穂拾い」が
そこにある

春雷

さむい王冠の太陽
レースのカーテン越しに
仮面の雲が流れ
空を繋いでいく
遠くの函館本線が
神経インパルスとなり
かすかに左に動いていく
わたしの中の迷宮電車
今、狙撃音を発て　通っていく

円卓の友が二人
同じ日に世を去った
共に清明な微笑みを残し
棲み処の異なる空から
静かに雲に乗った

昨日　深夜便で
八十八歳の詩人の声を聞く
「朝ごとに
　生まれよ　わたし」＊
風通しのよい声と
道に立つ姿勢

少し違うけれど
青春の
碗の上から　こぼれた星を
闇に照らす
正も負も残ったまま
誰もいない途上
青い馬の朝が
来る

＊詩人・新川和江氏

蝸牛

捨てたはずの故郷
捨てられぬ
襤褸《ぼろ》の詰まった背負いのリュック
納屋に納めた砥石と
鑿《のみ》

月齢十五の夜
照らされた黒々とした山を
ウサギが跳ぶ

おぉ　ここまできた
渡島《おしま》の首すじは縮む
廃屋を待つ　さらされる母校
緑陰の風は
渇いた汗の制服に蹲っている
蟹のような
磯くさい安寧に痛みを隠す

従妹は
小さな畑と
小舟を操る夫に従い
六十五歳の質素な台所に居住まい
三歳の日、祖母を訪ねた記憶に

ねじを巻く

砂利道の国道を走るバスに乗り
「しっこ」タイムでバスを止め
草叢に小さな虹を架けたと

おぉ　ここまで来た
皺のよった腕《かいな》を伝って
おごそかな日々が
しずかに零《こぼ》れ落ちてゆく

隻影

生地へと流れる雲
半世紀の時空に揉まれた　花々を抱え
恩師や仲間の
薄くなった子守唄を唄いながら
車を跳ばす
国縫インターを抜けると
故郷の匂い
木や土や海
風が攪拌する　地質学的

血の騒ぎ

クンヌイはアイヌ語のはずだが
傷ついた国を縫う政治家は
現れるのだろうか
石巻の幸子
ひたちの孝子はどうしているのだろう
傷は自分で縫っているのだろうか
思考が分裂していた高校時代
先生が貸してくれた「カラマーゾフの兄弟」
今も懐中深く携えている

湯の川に着いたのは午後三時
すでに菊池や後藤は来ていた

やがて賢治がカメラを抱えて現れる
一瞬誰なのかわからない
抗癌剤投与を受けながらの出席
二十四名の記念写真を撮ると言う

空に往った
弥一先生　今野・正悦・礼子も出席
みんないい顔だ
宴も盛りのころ
誰かが　畳の上に海を持ってきた
底に不気味な影を走らせて
泣いているような
笑いたいような
海だった

アース　アース

鉱石ラジオ*のイヤホンに耳を当て
同調回路を合わせると
流行《はや》っていた
ヘレン・シャピロの「悲しき片想い」や
ミズハラ・ヒロシの「黒い花びら」の
悲恋歌が流れていた

鉱石の整流作用にゆだねた
電池のいらないラジオに

小学生だったぼくの
微かな自由
ロマンスのような
グラムの秤にも乗れない
ゆらぎのたましいがあった

むかし、高名な精神科の臨床医師は
厖大な患者の声を
地球にアースしていたそうだ
身が持たないと　声は
必要なとき「ぽこり」と出てくる優れもの
ぼくの鉱石ラジオに
時おり聞こえた不明の言語は
その時のもののようだ

すでに　隕石のように燃えつきた人々は
草叢の蟋蟀の声になった

消息をアース線に手繰っても
抜け殻ばかりなのだが
鉱石ラジオに耳を澄ましていると
空一面に向け
獣のように呻っている地球がいた

＊鉱石ラジオ…四個の原始的パーツ（アンテナ・同調回路・検波回路・レシーバー）の組み合わせでＡＭラジオを聴くことができる

空を泳ぐ

小さな水槽に
一匹のこして逝った　母の金魚
一人暮らしの静かな部屋
尾びれをくゆらせ
春には春の
母の姿を
水槽から観ていた
幾重にも季節が重なり

祈りのように
まるくなった母は
鉢一杯に
咲いた　うす紅色のサボテンの花を
金魚鉢の傍らに置いて　目を細めていた
去る日の一か月前
ドラ・マールのように
ひかりかがやいて
金魚は
サボテンの花をぬうように泳いでいた
過ぎ去った壁の刻印は
痛いまま

横切って行く

颯爽としたこどく
泳ぎながら
口を何度もひらいて
言い残した言葉を
空っぽにしていく

月寒公園

残り雪が蹲っている
風は　やゆするかのように
頬を刺していく
季節をまたぐ精霊は
問いかけもせず立ち去った
漠とした枝が光の円と
交叉して　午睡の桎梏から
タクトのように解き放つ

渇水した池から
歓声が聞こえる
フナやドジョウが溜まりに
生き延びていた
手を真っ赤にして
泥水に　さぐりをいれる子らと
したたかな小魚の飛沫

割れた雪の止水口のあたりで
白い腹をのぞかせウグイが
死を曝している
それは寄り添うように
幾匹かの塊になり
理不尽を叫び　白い紋様になっている

間もなく若葉が踊り
梅や桜も咲いて
水の張った池は
家族連れなどの
カラフルな仕合せのボートが
滑っていく
水面下には
小魚の悲鳴や　泥だらけの
ほんとうの顔をした
子供たちがいる

秋の傘

拳《こぶし》をふりおろしたような
雲のだんだん
十月のさむい雷鳴
近所の八百屋で
韮《にら》とシラスの佃煮
豆腐と秋味を半身買う

無愛想なおやじは
包丁をキラッとさせ

大型店の専用送迎バスが
店のななめ前に停まるのを
真っ二つにした
切れ味で勝負できればいいが

出口のドア越しに
激しい雷雨が絶望的観測に達した
立ち尽くしていると
店のおかみが小降りを待って
傘を差し出している

背中に稲妻が走る
きまぐれな秋の雨を
睫毛がはじく

馬あぶ

発達した颱風が去った
治水の堤を難なく超えて
収穫の平野を無残な景色に変え
水は支配されまいと　広大な土地に
溜まったエネルギーを描き置いて行った
きのう玄関に馬あぶがやって来た
風除室の天井に　ぶんぶん
「久しぶりだが出ておくれ」と
母は箒を使って追い出した

数日後
トマト畑の草取りをしていると
馬あぶがやって来て
「ありがとうなぶんぶん」
「ぶんぶんありがとう」と首の周りを
何度もまわっていった

ある日息子がやって来て
雪見椿の枝に蜂の巣を見つけた
見ると馬あぶでなく
大スズメバチじゃないか

あの時　巣を造らせてくれと

ぶんぶん　耳元で話していたよ
女王蜂かもしれない
「毒を持っている」と言うが
毒はおれにもある　生きている意味もある
律儀なやつさ　悪さはしていないから
動けなくなるまで待ってくれ
もうすぐ雪だ
馬あぶでも大スズメバチでも
目障りなのは殺傷する時代になった
むずむず毒針が出てるのは
人間の心からさ　ぶんぶん

猫のドモンジョ

日向で
夢をみている　猫
毛並みが
金色にひかって
巴里の
貴婦人が手を差し伸べている

ソロモンの指輪と
ねこの尻尾

らせん状に
高い　秋の空

今日は良い日よりだ
たとえば庭のミミズや
苺の葉の裏に住みついている
メダマグモの話し声まで
聞こえてくる

猫が顔を洗っている
なんども丁寧に
耳の上から　品の良い手の
流れ

風呂

サブッ　と
まだ尻の青い　息子の
その尻に湯をかけて
一緒に入る

少し不安気に
周囲を見廻す
ニッコリ　笑う

小さくても
堂々とした
躯体になってきた

おれは
心の内まで　湯をかけて
ザン　ザン　洗っても
お前の心には
追いつけない

四歳の詩人よ
素っ裸の
美しさよ

三つのランドセル

地下室に
二つの赤と
一つの黒のランドセル
埃を被り
所在無げに眠っている
「赤と黒」の物語

祖父母から贈られた
光の守り札

あるがままに託し
超えて行った
声のパラレル

小さな手で書き込んだ
ノォートの魚
未発表の青い宇宙
うっすら錆びた
時のカプセル
スフで磨く

すっくと
背負った記念の日
地球儀を廻し

つばさを付けた
はるかな
三つの物語

故郷

II

白いシャツの少年

はちけん会館の履き替えた靴
ドアノブに手をかけ開けようと
前に立てば
白いシャツの少年がいて
風のように引いた開口部から
あどけない口もとの微笑みに促され

「アリガトウ」を背に
海の見える

砂浜で　共に立ちしょんをする
尿管のせばまりに
一息ついた　さらばえの身体図
もう　白いシャツの少年は立ち去っている

こぼれる幼少のコンセキを引き寄せ
遥かな琴似駅の馬ふん風もゆれる
かすむ環状線の出口に立つと
白いシャツの少年が
又、ドアを引いて待っている
(在りえないことだ
少年の夕暮れは　ハクセキレイの
西日の六時の影に消えた

スリッパに履き替え
詩話会場へ足を入れる
夜の　いささめに
波は来て　そこに
深海のみなれない魚たちが
およいでいる
二十四人の参加者なのに
　数えきれない死者の呼気
「お前はだれ…」と胸騒ぎに
まみえる　銀河の渦

いのち舞う

小さな橋のたもとで
子供たちが老犬を取り囲んでいる
しょぼくれた犬の目は地に吸い込まれ
視線の先の
重いからだを支えているおのれの影を
操る気力もやっとなのだ
小春日和に誘われ
飼い主の鎖をのがれて
ふらりと歩みだす

車が来るからと
子供たちは囲い手を作り歩道に戻す
トンネ川をはさみ
クロスした進路は六方向
遊歩道の草叢《くさむら》に追い込んだ
新型インフルエンザで学級閉鎖となり

いつになく　生き生きとした
音のする時間
きっと塾も休みなのだろう
十数人かたまって
老犬に心を寄せ合っている

秋のひざしに
命をほどくあゆみの途中
老犬はうす汚れたからだを
抱きしめる子供たちの顔を
恍惚として視ている

帰り道を指さす夕暮れ
微笑むように　枯葉は
舞って
錦糸の小川に流れていく

＊トンネ川…石狩川水系厚別川の支流

ナマコの生き方

ゆるせよナマコ
こう門と触手のついた口先を切って
腹をさく
カポッと海水がまな板に流れる
かくれ魚もいた
塩でぬめりを取り
酢ナマコで食べるように切る
脳みそも
筋肉もない

タフなナマコ
敵に捕まったらおのれの身を
割愛して食わし
逃げることのできるナマコ
ここから海は遠い
ゆるせよナマコ

ナマコ漁が解禁となり
函館から送ってくれた
菊地さんのナマコ
手が震える
脳みそと筋肉を鍛える人間
万博やオリンピックの
だい輪を咲かす　せん略に

あえぐ地球
いつまでの命だ

遠方から誰か　視ている
脳みそと
筋肉の無い生き方
ゆうらり
ゆうらり
海の底で　瞬間
砂を吸い込み
砂を吐く
カンブリア紀から命をつないだ生きかた
ナマコをさばく

岬の白うさぎ

岬をまたぐ
山道を歩いていると
大きな白うさぎに出合った
白うさぎは
すでに仕掛けられた罠にかかり
首に針金が巻き付いて動けないでいた
近づいた私を見て
大きく飛び跳ね　はずみに
罠の針金が絞まり息絶えてしまった

かえって死を早め
可哀想な事をしてしまった
縄を解き亡骸を弔おうと持ち帰った
しかし大きな白うさぎを見た村の人は
うさぎを欲しいといった
カラスや狐の餌食になる無残さより
罠に掛かった宿命を思いやった

その年の春に私は
建築製図工になる予定でいた
別れのころ
ひんぱんにKと共にMの家に潜んだ
小屋裏の急な梯子を登ると
明り取りの小さな窓と

三畳間の部屋があった
紫煙と酔いが立ち昇り
小窓からは広場のような洋上に
遠く白うさぎが幾千匹も走った
獅子の咆哮の風吹く岬を
ししの崎と呼び
突端を這う家々をなぶっていた

板子一枚の地獄
数十年の歳月を裂いて
忘れた頃　浜人の命を奪い
待ち伏せた雨を降らせた
村はしだいにさびれ
灯台の明かりに

白うさぎが幾千匹も走った
みはるかす対岸は青森大間
原発の建屋が並び
蜃気楼は北西の空に
街をつくった
地獄が見える
「そこでぼくらは夢を語った」

ある時　罠に掛かったうさぎが
背中に飛び乗って
原発やぐらに火がつくと教えた
岬の夕陽に激しくクロスして
村落の旗に
幾万もの白うさぎが群がっていた

森のひと

長い道を歩いた
家路の遠く石畳まで時代はうつろい
谷の深い水系に父母は消えていた
微かに見えるお宮の前で
進駐軍のアメリカ兵が架けた
十字架の痕が
ぼくの胸の森を抜ける

脳裏に咲いた花は

燃えて　炭がらばかりになったが
あの頃にも咲いていたのだろうか
セイヨウ鬼薊
マンホールの土溜まりに
葉を広げて
木霊する語り部のように
ほっつり　花をつける
蜂の羽音が交響詩となり
夏至の紫色の日向に
吐息のように傾いでいた

内曇り砥

校舎の坂道の空を貫く電線
山鳩が二羽いた
信号待ちの車のウインドーから
交尾の瞬間《またたき》に振り返る
山鳩はすでに時空に飛び立ち
その下を　少年が固まって
波打つように
重いカバンを背負い　歩いている

ペンケースの裏の
　海に巻く雪の映像
ちりばめられた風紋を割って
春のグラウンドに転がり込んできた二匹の
黒と白の犬　数学教師のまなかいが
チョークを真っ二つにした
窓外に視線を投げた主席の
A君は注意を受け　五時限目
音楽教師はドヴォルザークの
「新世界」第三楽章を流す

今、刀を砥ぐ
形見の砥石を使い
虹が出るまで砥ぐ

曾祖父の　遠い輝き
錆びた
切っ先に拇指をあてる

一人　また一人、家の前を
学生服の少年が通る
刃《じん》の匂いをさせ
時代のカバンが
歩いていく

＊内曇《うちくも》り砥《と》…京都市右京区鳴滝産の砥石

青い煙

浜の玉石　ゴロタのたましい
白い雲の縦列はかなしい
祝津ニシン番屋の前浜から
駅前タワービルが見える
あれは魂を食べる　銀のフォーク

霞に光る
指の間の白砂に
カモメ沸く

いしかり浜の湾曲
つれづれの天気
運のいいにおい
子持ちさかなが焼けて
小樽のしわぶき

やまいを忘れ地下鉄に乗る
午後の　角を折れて
くの字の通路　駅前タワービル
ステラプレイスに出る
若者に溢れ　日曜の光も溢れ
スマートフォンに目を投げながら
聖母マリアに群がる
窓外にけむる海
祝津岬が光る

川の楽章

谷川を下っていく若い二人
二歳の幼子を抱えている
すでに
戦いに敗れ汚血に封印され
両の目を失いかけている
切れるような真冬の川の水で目を洗う
ころころと川底の石の奏でる
こころの音

母は二十五歳
ころころと石の音がする
近くの滝つぼには
カッパの子が遊んでいる
泣き叫ぶ子をあやしているのか
ころころと音がする
生気あふれる水の匂い

木の匂い　枯れ草の匂い
そのたびにむずかる
川のニオイ
切れるような真冬の川の水で
幼子の目を洗う

稲荷神社の笹原をこいで
登って来る父と母
ブナの枯葉
落ちていく
滝つぼの淵に渦巻く泡に
ころころと石の音
逆しまにして幼子の目を　洗う
清冽な深い川の楽章

ここに泉があった

ロビーに飛び交う黒い鳥
饐えた王の封印がぽとぽとほどけ
座席の下の
床タイルに水が溜まった

国道36号線のウィンドウから照り返り
さみしい航跡となって
かがやいている
混雑する足元を払うように

すばやく拭いている　みちるさん
「子供のような澄んだ瞳のお婆ちゃんだった」と
振り返る

蝦夷蝉がしきりに鳴いて
高速ラインの端末機に囲まれた
深い森の泉の物語を魔法のように
隠して立ち去った

瞬間、ロビーが
地下鉄の運転席後部につながり
八輛編成の座席も人で溢れ出した

豊平川を地下深く潜《くぐ》るあたりから

車輛は大きく蛇行し
ネガフィルムのように
撒かれたままの顔は
最後尾からしだいに
畳まれていく

いつもの乗客は黙し
この街を訪れた　旅人は
吊革の手首にかかる痛みを
標《しるべ》のよう高く掲げたまま
往く路をまさぐっているかのようであった

水仙（一）

限りある　時間の隙間から
咲き誇り
光り輝く　小さな花

喧騒のスーパーの片隅に
春を待つ心が
売られていた

描ききれない

画布に喘いでいる
冬の母

千年を過ぎた
昔話を
孫の前で繰り返す

一鉢を
プレゼントすると
キラ　キラ

黄金に　照らされて
合掌する
母の心が見えた

水仙（二）

時間の日向に
首を傾け
喧騒に耳をふさぎ
春の唄をうたう

氷った靴を照らす
花屋の　水仙

画布に描けない

母の不条理に
笑みを返す
一鉢の　黄色

六〇年前の花火

雨宿りは馬小屋だった
花火大会の夜、母の背にいた
ドーン
ドーン
鳴り響く花火
「花火見たら母さんと
死ぬべし
どごさもいがね」
たよりなく笑う母

雨は止むことなく降り続き
やがて
花火の音もしなくなった
その夜、母の背で
花火を見ることはついに無かった
暗い馬小屋の庇で
悲嘆に暮れる親子
繋がれた馬
雨と潮風にまかれ海霧《がす》の中に
映像は途切れた
最終バスはとうに発車している
あの時、三歳の弟を置いて
母は、なぜ私一人を背負ってきたのか
函館の港まつりと

馬と
花火
船見坂を登りきれず
私と死にきれず
八六歳まで生きた母
「母さんと死ぬべし
　生まれ変われたら
　なんぼ良《い》いもんだか」
「ああ　タバ風に乗ってなんぼでも生まれ変わってやる」
今もズズーンと　見えない花火
耳の奥の消えかかった間際
それは大輪の花となり　今でも
夜空に　乱れ咲く

生還の日

六月の
アカシヤの雨よ
濡れそぼったコートから
乾いた心に
落ちる　雨よ
昨日、故郷の友へ
手紙を書いたばかりだ
『青春はまだ続いているか』と…

約束を果たせぬペンと
病の鬼となった惰眠の日々
失った骨盤を
地図にしるして
少年の手にかかげたものを
奪い取ってこよう

アカシヤの雨よ
六月の花房の風は
なんと
勇気に充ちた香りだろう
　木々が　ざわめき
高みから
かすかに　歌声が聞こえる

姪たち

日曜の午後は
君たちと　おしゃべりをしたり
公園で遊んだり
絵本を買ってきたり
ただ　ぼおっとしているのがいい

きのうまで
でんぐり返しや
宇宙遊泳まで出来たのに

今日の君たちは
ぼくの腕が　折れてしまいそうだよ

もうすぐ　恋などして
世間の風に咳き込んだりするのだろうが
青空を卓上に　似顔絵を書いて
キャ　キャ
クレパスの色を確かめている
君たちが好きだ

金子光晴の顔写真

「つっ」………と
死を横目で視ている
悲愴は
奥まってみえる
おかしみは
もっと、その奥だ

無精髭が
髑髏に付着している
瞳は
分割するまぎわの　命だ

環

生まれたての朝のにおい
特急の硬い座席に
胸さわぐ風

走りぬける
じゅんこ　うたこ　まさこ
ますみにのりこ
時空の隙間に
きみがいる

教室の湿った木の匂い
駆けてきた
体温を抱えて机と
いすが背丈を伸ばし
一体となる

海峡の潮目の見える
高台の校舎に
いがぐりの　まさるやよしのり
たろうやかつのり　だいきちが
手を振る

誰が歩いた道なのだろう

ぬかるんだ　通学路
人生のような
ジグザグの足跡に
振り返った
かすかな想い出

四十五年の
雲は間断なく流れ
互いの皺や
髪の薄さを
鏡のように確かめる歓び

回帰

III

交差点の雨（小樽港）

路上は雨に濡れ
靄にかすむ港の穀物荷揚げ場が見える
交差点の脇で
十数羽のカラスが一羽の鳩を襲い
羽根をまき散らし
観光地の
明媚な背景に突き刺さる

客たちは旅を急ぐのか

そ知らぬ顔で通り過ぎていく
夢を跨ぎ
信号機は人波を押し切り
車は幹線道路へと
駆け上がっていく

雨は偏降りのまま軒先をたたく
私を凝視して近づいて来る
老夫婦
…ドチラサマデシタカ
振り返って後ろを見ると
ランチ・メニューの紙が
羽目板に震え
水溜りの信号機が
クッと嗤いながら　色を変えた

作家の家

作家の家が　取り壊されて
さら地になった
亡くなって久しいのに
ぽつねんと家だけが残っていた
歩いて二丁ほどの道筋の角地にあり
通勤時の快晴の日は
朝日が当たり眩しかった

大きなプラタナスの葉が

ビラビラと空を揺らし
作家が降臨しそうな曇天のすき間に
青空がのぞき
浅くえぐられた土地が
時代の風に曝されている

ここから作品は生まれたのか
犬を連れた女、自転車の男、疲れたカバンを背負う学生
老人の塊、追い立てるトラック
みたされた時間の渦に立ち
作家の奥深く眠っていた松明《たいまつ》に
火がついたかもしれない
つかの間　生きたしるしを
空が視ていた　深い溜め息をついて

青の未来

球体の宇宙
霧にまみれた深い谷のカンバス
娑婆に鑿《のみ》を入れる
風が深い呼吸《いき》をしていた

青空へうねり
垂直に近い角度を見せる
大小のスケールはすでになく
ひたすら

青の中へと突入し
空中に聳え立つ
せめぎあう狼の
涙滴
消失していった
海溝の青
伝説の彼方に
遠のくもの

彼岸の橋を渡る母
リンドウの青にゆれる
終わりと始まりの
潔い青

＊大島龍個展「海の聖母」より

蝦夷白ちょう

雨あがりの夏の庭
ナデシコ草の
赤に　見とれていると
シロチョウが
ユラユラと降りたつ
やがて花の蜜を求め
けんめいにしがみ付こうとして
すべり落ちる
昨夜の暴風雨で痛めたのか

二対の一方、右下翅が折れている
ここから飛び立つことは
すでにかなわぬ願い

よく朝
黒土に翅を広げ
命のカタチをたたんでいた
ナデシコ草の傍に
眠る「蝦夷白ちょう」
Mさんの訃報が届いたのは
それから三日後だった
ひたすら続けた三ヶ月の闘病生活
「誰にも知らせないで」と口止めされた
息子の嗚咽が

いつまでも耳に残る

不条理に折れないよう希う
母のこころ

庭に
高く　低くとぶ
蝦夷白ちょう
何度も旋回って
飛んでいった

乙姫の微笑

淡い風に
悠々と絆がはためいている
もう此処へは来る事もない
四十三年の修業の終着地点と思えば
花束が置かれ　抱擁している影に
少しの距離がある

浦島は禁断の玉手箱をあけて
白煙たなびく三百年の歳月を流す

亀に替わって恩を返した
竜宮の乙姫の　しずかな微笑
手にもおえない欲望を亀に詫びながら
ぼう然自失の白髪
万葉集浦島子伝に見る

ここからの裏通り
机の片隅から出てきた
鍵を渡して
別れを告げている

さえずりはじめた右の耳の小鳥たち
紙裏の辞令を
在り難い　空に見すえ

あい路に凍えた手を胸に
かきいれると
満月がしらじらと
ビルの谷間に昇ってくる

別離の春（百年の家）

菫《すみれ》に言葉を教えておいたと
水仙の独言《つぶやき》
誰もいない家の庭
草の道案内

林の蔭のテーブルに二十年後の
わたしが座っている
お祖母さんが手招きをする
クッキーと紅茶で『百年の家』＊の

お話しをしましょう

荒れた手の分　庭は美しい
頑丈な家だが廃屋
夫を失った妻の悲しみ
母を喪った子の悲しみ
絶望の居座った椅子（二度の大戦）

午後三時の庇《ひさし》をかすめ　遠く
V字の真っ白な白鳥の隊列
群青の空
息をのむ光となって
異界との交錯を知らしめ
運命の扉を閉める

心を亡くした家は
寂しいけれど
小鳥たちが　キチキチうたい
水楢《みずなら》の若葉さわぎ
生まれて来るのを待っている

＊絵本『百年の家』絵／ロベルト・インノチェンティ
作／パトリック・ルイス
訳／長田　弘

活きる

四国土佐沖で捕れた
鯖が一匹
俎板にのっている
海路を閉ざされた眼
鈍く光る　瑠璃色の
魚体

包丁を入れると

血飛沫が
肌シャツを
掠め
染め
消化しかけた
吉備奈子《キビナゴ》が３匹
ぬるぬると出てきた

螺旋状に獲物を追い
飛び跳ね
立ち上がる
真鯖の　一瞬
もはや

縫合などできない
3枚におろして
から揚げにする
食物連鎖の終点に
キャベツなど添えて

＊吉備奈子（キビナゴ）・体長10センチ
本州中南部以南、西太平洋からインド洋に分布。外洋性の回遊魚で、5～8月の産卵期に大群で接岸する。

擬宝珠譚

男の家の玄関の脇に
ギボウシが根を張っている
冬は屋根からの氷塊が岩のように覆い
春には雨水を待って命を突き出し
大きな葉を拡げ夏の空にうす紫の花を咲かせ
蜂を呼びつかの間、蜜月の宴をひらく
葉陰で涼をとる飼い猫は
夢に酔った目で振り返り
秋には黄金色に色付き輝く

ある年の寒い三月
若い娘が命の水だと云う琥珀の飲み物を
持って朝のドアを叩いた
娘は押し抱くように微笑み　命の水を手渡す
男は初老の身にありながら娘に心躍った
そして大量に飲むと毒に変わり落命の危機に
晒されるという僅かな分量の命の水に頼った
男の肩に命が降り注ぐようであった
男は日に日に若返りいつもと違う力が湧いた
娘は訪ね来るたびギボウシの事を尋ねた
大きな葉は漏斗のように雨水を根に送る話
周りに他の植物が生きられない事　蜂がめっ
きり少なくなった事　今では見かけない

嫌われる草と男は答えた

男は飲むほどに躍動感に溢れた
やがて娘を思う心に悶え苦しむようになった
あまりの辛さに命の水を止めると娘に伝えた
間もなく娘は去り　深まる秋の霜の降りた日
ギボウシは老婆の濡れ髪のように萎《しお》れ
地上になげだされ土に還ろうとしていた
男は自分も失せていく力を感じながら
呆然とゆめまぼろしに墜ちて行った

肌触り

机の片隅に岩波国語辞典がある
電子辞書やパソコンに占有され影が薄い
西尾実・岩淵悦太郎編の背表紙もはずれ
厚紙で補修したのはいつだったたか

二十代の頃
会社を立ち上げた仲間の事務所に勤め
一年足らずで倒産した記念の品なのだ

給料は止められ
怒号と罵声の渦の中
あす　差し押さえが入るので
事務所の金目《かねめ》になるものを持っていってほしいと言う
社長は逃亡し
専務だった明るいＳ君の暗いその眼差しを忘れる事はできない

すでに　がらんどうになった事務所の
目の前の事務机に
国語辞典が　にぶい光を放っていた
誘われるように手にすると
温《ぬく》い肌触りが伝わってきた
なんとかなるさ　と
其のとき思った

一冊の国語辞典が
三ヶ月分の給料として充当されたのだ
三十八年前の出来事なのに
今でも　この手に
芽吹くような痛みとともに
蘇ってくる

緑風荘とポプラ並木の見える窓

風が吹いていた
石狩川や茨戸川まで真っ直ぐの
北二十条のアパート
丹前を羽織ったまま出て来た管理人は
あなたのような方の住む所じゃない
と丁寧に話す

武士のような居ずまい
老いても品の良い奥方

ポプラ並木の見える窓
台所も便所も共同だが
どこも磨かれ鍋底のついた
朗々とした自由

大正初期の建築様式
横羽目板張二階建て一重の窓
冬は隙間からヒラリと
雪が舞い降りる部屋

道路を挟みポプラが語りかける
陽の遊び
漆喰壁
隣人の咳払い一つ

眠りの森の貨車に詰めると
山深い湖面に沈む　昨日の
折れ曲がった手が伸びる

痛んだ畳のへりに横たわると
ポプラの木々の騒めき
高みを超える
並木の空から降り立った羽衣
消えた天涯のあかりを
再びともす

地底人

鉱脈などない
まして人脈など滲みたほこりの筋
たった一人の娘に冷めたマグマから
地上で咲かない鉱石の花を
その胸に届けるために
掘り続ける鉱夫
手はマシーンと化し
坑道は直ぐに崩れおちるばかりだ

千日かけて掘った
誰にも届かない地底人の部屋
岩のきしむ音を聞きながら
デジタル波を拒み
登山家の征服感に充ちた顔とはうらはらの
ダンゴ虫のような地底人

楽園を信じている地上人の高笑い
もっと深い処で掘り続ける
地底人の怒りに連なる
だがおれは違う
まだ五千メートルに届かぬ愛の地底に
眠る鉱脈をさぐり続けるサイレンサーだ
ときおり

一万メートルの海底から響く
マッコウ鯨の悲しい声

地上では咲かない花を鉱石に詰め
津波で死んだ男を忘れ去った
岩のこすれあう音
世紀の
あいは地底に沈むだろう
山脈のように

雪待ち草

真夜中の枯れた付箋
ぴらぴら
ピチカート
そそのかす老いた耳
柔らかな闇
庇のわきの
星々の煌き
みんな　眠って
　疲れた馬を

洗っている
遠く武装する
路地の灯りのうねり
昼間のニセアカシヤは
夕刻に断罪され
移民の草がうつむく
重機に夜を攫われ
街区の橋げたに告示される
南鳥島の熱帯低気圧を
囁くように教えてくれた
街路のニセアカシヤ
人影がブリキに彫られ
　今はない
枝の真実を失った

鳥たちが
電線に止まる
ふかい眠りの
幻日シートを啄ばんで
月下の影を落とす

教会のある通り

ここは深々とした沼の淵
二十歳の頃の仕事場
活気のない顔でわたしをみている
二階の事務所の懐かしい人たち
北一条教会のある通り

木洩れ日がわれて
手を握ろうと近寄った
けれど皆

よそよそしく旅の支度をしている
「どうしたの。仕事は…」

と声にならない声で独り呟いている
五十年ぶりかもしれない
木目の枠の引き違い硝子戸があって
仕切られたその前に立ち
遠くにはオスプレイのような
大型ヘリが二機　多分乗っていくのは

「あれだ」　と見送っている
東京　大阪　那覇の社内旅行
機影に沿い
うなだれていないがスッーと消え入る

久しく会えない人ばかり
酒焼けした営業の吉野部長
商品管理係の柴田さん
設計長の相沢さん
ほほえんでいたはずの顔

突然、青木さんの声だ
　まだ来るなと言っている
目覚めると　いま
この世にいない人ばかりだった

祖母の福島

虹
沃野の
失意を食べている
落としきれない水球の七色
反り返る副虹《ぬじ》

角度の数式
真昼のこめかみに輝き
虹

地平を結ぶ一辺の彼方に
大きく架かる

福島から樺太、真岡へ
無口のまま人の世にかしずき
九十年の生涯を終えた
福島の祖母

見ているだろうか
屈折した四十二度の入射角
青い
光軸に
強く激しく震えた
福島の無念

老残くすむ桃源郷から
立ち上がってくる

「こんな濁った色のこんな大きな虹を
見たことがない」

狭い団地の道を通り抜けた
小学生が
虹に挨拶をして

庭の花咲く

六月の木立をくぐって
丘に向かう
頂上まで続く
三尺足らずの小道の中ほどに
野鼠が行き倒れて
銀バエの群がりと生殖に
始まったばかりの
　春ゼミの讃美歌を聞く
白い花の咲く傍らに

営々とした山の中のテクスト

野鼠のように
ガンジスの河岸の筏《いかだ》にのり
ベンガル湾に向かっていた
禿鷹が私の腹を鋭い嘴《くちばし》で
突く

眼球は一番先に持っていかれた
生まれ変われるなら
なにも痛くない　怖くない
あたりが騒がしいだけで
運のいい人
と誰か　ささやく

庭のドクダミが満開となり
河岸の　緩い流れになった

ここは聖なるガンガ河の岸辺
庭の花咲く

あとがき

はじめての詩集です。私の思いが叶いました。詩を書く事は山登りにも似て、途上は人生そのものかもしれません。三歳の頃の病により、さまざまな痛苦を伴いながらも、心豊かな人たちと、あり得ない奇跡のような出会いをしました。

滑落せず登頂できたのは幸運だったと思います。振り返ると断崖も見えます。不思議にも家庭を持ち、元気に三人の子も巣立ち、父と母の晩年を看取ることもできました。お世話になった方々は数限りありません。

ねぐんど詩社「複眼系」の皆さん、室蘭の「パンと薔薇」、「蒐」同人の方々など誌友や友人の陰ながら声援をいただきました。

ＡＩの世界による詩も書かれているようですが、詩はその奥に血が流れ、汗の匂いのする文学でありたいと願っています。

今般、私の小さな詩に翼力を与えてくれた中西出版の岸上祐史さん、デザインを快諾してくれた弟、本庄隆志に感謝します。

私も詩を書くのに丁度良い年齢になりました。生涯現役の先輩詩人にならい、一層励んでまいりたいと思います。

二〇一九年三月

著者

本庄英雄（Hideo Honjo）略歴

1948年１月　函館市（旧戸井町）生まれ
詩誌「複眼系」「パンと薔薇」「蒐」同人
北海道詩人協会会員

空を泳ぐ

発　行――二〇一九年三月二十八日
著　者――本庄英雄
発行者――林下英二
発行所――中西出版株式会社
〒〇〇七－〇八二三
札幌市東区東雁来三条一丁目一－三四
電　話――(011) 七八五－〇七三七
印刷所――中西印刷株式会社
製本所――石田製本株式会社